Tabellenbuch Lagerlogistik / Lagerwirtschaft

AF124755

Mathematische Grundlagen

Physikalische Grundlagen

Chemische Grundlagen

Lagerkennzahlen

Verkehrswesen

Informationen zum Schluss

Herstellung und Verlag: BoD – Books on Demand, Norderstedt

Autor: R. J.

ISBN: 978-3-7357-9287-7

Dieses Tabellenbuch ist nach Urheberrechtsgesetz geschützt und darf zur Vervielfältigung nicht verwendet werden. ©

Vorwort

Dieses Tabellenbuch entstand aus der Not heraus, denn wie so oft sitzt man vor Problemen in diesem Bereich und weiß nicht weiter.
Bevor man nach langem Überlegen oder falschen Gedanken zum Ziel kommt, kann es eine ganze Weile dauern und es bleibt weniger Zeit für andere Dinge.

Nun aber ist es soweit und die wichtigsten Grundlagen in der Lagerlogistik oder Lagerwirtschaft sind geschrieben, mit dem Gedanken, dass ich wenigstens etwas für diejenigen getan habe, den es so geht wie mir.

Notizen

1.1 Flächen-, Körper- und Umfangsberechnung

Quadrat	$Umfang = 4 \bullet a$ $Fläche = a \bullet a$	Umfang (U) = 4 • 8 cm Umfang (U) = 32 cm Fläche (F) = 8 cm • 8 cm Fläche (F) = 64 cm
Würfel	$Volumen = a \bullet a \bullet a$ $Oberfläche = 6 \bullet a^2$	Volumen (V) = 8 cm • 8 cm • 8 cm Volumen (V) = 512 cm Oberfläche (O) = 6 • 8 cm² Oberfläche (O) = 384 cm
Rechteck	$Umfang = 2a + 2b$ $Fläche = a \bullet b$	Umfang (U) = 2 • 6 cm + 2 • 8 cm Umfang (U) = 28 cm Fläche (F) = 8 cm • 6 cm Fläche (F) = 48 cm
Quader	$Volumen = a \bullet b \bullet c$ $Oberfläche = 2ab + 2ac + 2bc$	Volumen (V) = 8 cm • 6 cm • 4 cm Volumen (V) = 192 cm³ Oberfläche (O) = 2 • 48 cm + 2 • 32 cm + 2 • 24 cm Oberfläche (O) = 208 cm
Dreieck	$Umfang = a + b + c$ $Fläche = \dfrac{g \bullet h}{2}$	Umfang (U) = 8 cm + 6 cm + 4 cm Umfang (U) = 18 cm Fläche (F) = $\dfrac{g \bullet h \,(5\,cm)}{2}$ Fläche (F) = 10 cm
Kreis	$Umfang = 2 \bullet r \bullet \pi$ $Fläche = r^2 \bullet \pi$	Umfang (U) = 2 • 3 cm • π Umfang (U) = 37,699... cm Fläche (F) = 3 cm² • π Fläche (F) = 28,274... cm

U	Umfang	O	Oberfläche
r	Radius	π (PI)	3,14159...
F	Fläche	V	Volumen
h	Höhe		

Kugel	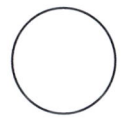	Volumen $= \frac{4}{3} \cdot r^3 \cdot \pi$ z.B. Volumen (V) $= \frac{4}{3} \cdot 3 \text{ cm}^3 \cdot \pi$ Volumen (V) $= 113,09 \text{ cm}^3$
Zylinder	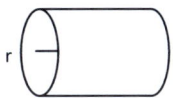	Volumen $= r^2 \cdot \pi \cdot h$ Oberfläche $= 2 \cdot r^2 \cdot \pi + 2 \cdot r \cdot \pi \cdot h$ z.B. Volumen (V) $= 3 \text{ cm}^2 \cdot \pi \cdot 5 \text{ cm}$ Volumen (V) $= 141,371 \text{ cm}^3$ z.B. Oberfläche (O) $= 2 \cdot 3 \text{ cm}^2 \cdot \pi + 2 \cdot 3 \text{ cm} \cdot \pi \cdot 5 \text{ cm}$ Oberfläche (O) $= 150,796 \text{ cm}^2$

1.2 Winkelfunktion im rechtwinkligen Dreieck

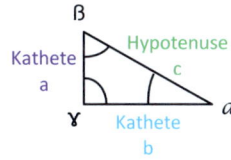

Sinus eines Winkels	$$\text{Sinus} = \frac{\text{Gegenkathete}}{\text{Hypotenuse}}$$	$\sin\alpha = \frac{a}{c}$ $\sin\beta = \frac{b}{c}$ $a = c \cdot \sin\alpha$ $b = c \cdot \sin\beta$ $c = \frac{a}{\sin\alpha}$ $c = \frac{b}{\sin\beta}$
	Der Sinus eines Winkels ist das Verhältnis zwischen der Länge der Gegenkathete zur Länge der Hypotenuse.	
Cosinus eines Winkels	$$\text{Cosinus} = \frac{\text{Ankathete}}{\text{Hypotenuse}}$$	$\cos\alpha = \frac{b}{c}$ $\cos\beta = \frac{a}{c}$ $b = c \cdot \cos\alpha$ $a = c \cdot \cos\beta$ $c = \frac{b}{\cos\alpha}$ $c = \frac{a}{\cos\beta}$
	Der Kosinus ist das Verhältnis zwischen der Länge der Ankathete zur Länge der Hypotenuse.	

V	Volumen	c	Hypotenuse
π (PI)	3,14159...	b	Kathete b
r	Radius	a	Kathete a
h	Höhe	O	Oberfläche

Tangens eines Winkels	$$\text{Tanges} = \frac{\text{Gegenkathete}}{\text{Ankathete}}$$	$\tan \alpha = \frac{a}{b}$ $\tan \beta = \frac{b}{a}$ $a = b \bullet \tan \alpha$ $b = a \bullet \tan \beta$ $b = \frac{a}{\tan \alpha}$ $a = \frac{b}{\tan \beta}$

Der Tangens ist periodisch, ungerade und im Intervall streng monoton wachsend.

Kotangens eines Winkels	$$\text{Kotangens} = \frac{\text{Ankathete}}{\text{Gegenkathete}}$$	$\cot \alpha = \frac{b}{a}$ $\cot \beta = \frac{a}{b}$ $b = a \bullet \cot \alpha$ $a = b \bullet \cot \beta$ $a = \frac{b}{\cot \alpha}$ $b = \frac{a}{\cot \beta}$

Der Kotangens ist ein Bruch, der das Verhältnis von Ankathete zu Gegenkathete ausdrückt.

1.3 Bruchrechnung

$$\text{Grundformel} = \frac{\text{Zähler}}{\text{Nenner}}$$

Unechte Brüche	$\Sigma = \frac{6}{5}$	Zähler > Nenner
Stammbrüche	$\Sigma = \frac{1}{9}$	Zähler = 1
Gemischter Bruch	$\Sigma = 1\,\frac{3}{5}$	Ganze Zahl mit Bruch
Gleichnamige Brüche	$\Sigma = \frac{7}{8}\,\frac{9}{8}$	Nenner sind identisch
Ungleichnamige Brüche	$\Sigma = \frac{5}{9}\,\frac{5}{7}$	Nenner sind unterschiedlich

a	Gegenkathete
b	Ankathete

1.4 Dreisatz

Einfacher Dreisatz	z.B.	32,58 m - 5623,00 €	1. Bedingungssatz
		<u>27,90 m - X €</u>	2. Fragesatz
		$X = \frac{27,90 \cdot 5623,00}{32,58}$	3. Schlusssatz
		$X = 4815,28$ €	
Zusammengesetzter Dreisatz	z.B.	4 Arbeiter - 5 Tage - 8 Stunden	1. Bedingungssatz
		<u>7 Arbeiter - 3 Tage - X Stunden</u>	2. Fragesatz
		$X = \frac{8 \cdot 4 \cdot 5}{7 \cdot 3}$	3. Schlusssatz
		$X = 7,62$ Stunden	

Merke: Die Dreisatzrechnung kommt bei vielen verschiedenen Rechenarten zur Anwendung (z.B. Währungsrechnung-, Prozent- und Zinsrechnung).

1.5 Zinsrechnung

Jahreszinssatz	Der Jahreszinssatz bezeichnet die jährlichen und auf die nominale Kredithöhe bezogenen Kosten von Krediten oder Anlagen. Im Finanzwesen wird ein Jahr mit 360 Tage gerechnet.	$J_Z = \frac{Kapital \cdot Zinssatz \cdot Zeit}{100}$ $J_Z = \frac{k \cdot p \cdot t}{100}$
Monatszinssatz	Der Monatszinssatz bezeichnet die monatlichen Kosten eines Kredites oder Anlagen. Im Finanzwesen wird ein Monat mit 30 Tage gerechnet.	$M_Z = \frac{Kapital \cdot Zinssatz \cdot Zeit}{100 \cdot 12}$ $M_Z = \frac{k \cdot p \cdot t}{100 \cdot 12}$
Tageszinssatz	Der Tageszinssatz bezeichnet die täglichen Kosten eines Kredites oder Anlagen. Tageszinsen beziehen sich auf die Verzinsung über einen Tag.	$T_Z = \frac{Kapital \cdot Zinssatz \cdot Zeit}{100 \cdot 360}$ $T_Z = \frac{k \cdot p \cdot t}{100 \cdot 360}$

1.	Bedingungssatz (was ist gegeben)	J_Z	Jahreszins
2.	Fragesatz (was wird gesucht)	M_Z	Monatszins
3.	Schlusssatz (wie lautet das Ergebnis)	T_Z	Tageszins

1.6 Maße und Gewichte

Längenmaße	
	1 km = 1000 m
	1 m = 10 dm
	1 dm = 10 cm
	1 cm = 10 mm

Raummaße	
	1m³ = 1000 dm³
	1 dm³ = 1000 cm³
	1 cm³ = 1000 mm

Hohlmaße	
	1 hl = 100 l = 0,1 m³ = 100 dm³
	1 l = 1 dm³

Merke: 1 m³ = 1000 l
1 dm³ =   1 l

Gewichtseinheiten	
	1 t = 10 dz = 20 ztr = 1000 kg
	1 dz = 2 ztr = 100 kg
	1 ztr = 50 kg
	1 kg = 1000 g

Amerikanisches Gewichtssystem

1 ton – 20 cwts	= 907,20000 kg	= 20 cwt
1 cwt – 4 qrs	= 45,36000 kg	= 1 cwt
1 qr – 25 lbs	= 11,34000 kg	= 0,25 cwt
1 lb – 16 oz	= 0,45360 kg	= 0,01 cwt
1 oz	= 0,02835 kg	gerundet

Englische Gewichtseinheiten

1 ton – 20 cwts	= 20 cwt	= 1016 kg
1 cwt – 4 qrs	= 1 cwt	= 50,8 kg
1 qr – 28 lbs	= 0,25 cwt	= 12,7 kg
1 lb – 16 oz	= 0,009 cwt	= 0,4536 kg
1 oz		= 0,0283 kg

km	Kilometer	hl	Hektoliter
m	Meter	t	Tonne
dm	Dezimeter	dz	Doppelzentner
cm	Zentimeter	ztr	Zentner
mm	Millimeter	kg	Kilogramm
l	Liter	g	Gramm

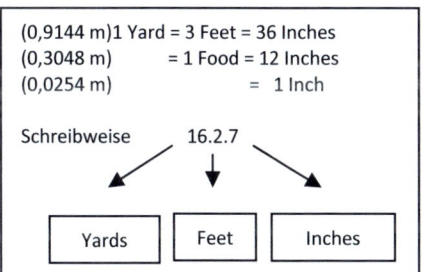

(0,9144 m)1 Yard = 3 Feet = 36 Inches
(0,3048 m)   = 1 Food = 12 Inches
(0,0254 m)   = 1 Inch

Schreibweise   16.2.7

| Yards | Feet | Inches |

Einheit		Abk.	Größe	Größe (m)
Inch	Zoll	in.		0,0254 m
Foot	Fuß	Ft.	12 Inch	0,3048 m
Yard	Schritt	Yd.	3 Feet	0,9144 m
Mile	Meile	mi.	1760 Yard	16093440 m

Zeiteinheiten

1 Tag – 24 Std
1 Std – 60 min
1 min – 60 sek
1 sek – 1000 ms
1 ms – 1000 µs
1 µs – 1000 ns

Definition

Länge   von links nach rechts

Höhe   von unten nach oben

Tiefe   von vorn nach hinten

Std	Stunde	ms	Millisekunde
Min	Minute	µs	Mikrosekunden
sek	Sekunde	ns	Nanosekunden

2.1 Definition

Produkt	Als Produkt bezeichnet man einen bei einer chemischen Reaktion entstehenden Stoff
Edukte	Einen aus Rohstoffen abgeschiedener Stoff
Oxidation	Eine chemische Reaktion, bei der ein Atom, Ion oder Molekül Elektronen abgibt
Reduktion	Ist eine Zurückführung oder Reduzierung
Exotherme Reaktion	Energie, z. B. in Form von Wärme, wird an die Umgebung abgegeben
Salze	Sind aus positiv geladenen Ionen (Kationen) und negativ geladenen Ionen (Anionen), aufgebaut
Katalysator	Ein Stoff, der die Reaktionsgeschwindigkeit durch Senkung der Aktivierungsenergie erhöht, ohne selbst verbraucht zu werden
Säuren	Sind im feineren Sinne alle chemischen Verbindungen, die in der Lage sind, Protonen an einen Reaktionspartner zu übertragen
Basen	Sie erhöhen den pH-Wert einer Lösung
Endotherme Reaktion	Eine Reaktion, bei denen Energie zugeführt werden muss
Atom	Ist das kleinste Stück der Materie
Molekül	Sind im weitläufigen Sinn zwei- oder mehratomige Teilchen, die durch eine chemische Bindungen zusammengehalten werden
Ion	Ein elektrisch geladenes Atom oder Molekül
Isotop	Bezeichnet man Nuklide in ihrem Verhältnis, wenn ihre Atomkerne gleich viele Protonen, aber verschieden viele Neutronen enthalten

2.2 Kräfte

Begriff	Beschreibung	Formel
Gewichtskraft	Ist die verursachte Kraft auf einen Körper.	Masse • Beschleunigung $m \cdot g$
Massenkraft	Kraft, die auf einen Körper zusätzlich wirkt.	Masse (kg) • Beschleunigung $\left(\frac{m}{s^2}\right)$ $m \cdot a$
Fliehkraft	Ist eine Trägheitskraft, die von der Rotationsachse radial nach außen gerichtet ist.	$\frac{\text{Masse} \cdot \text{Geschwindigkeit} \left(\frac{m}{s^2}\right)}{\text{Radius}}$ $\frac{m \cdot v^2}{r}$
Reibungskraft	Ist die verursachte Kraft auf einen Körper.	Gleit/Reibungskraft • Gewichtskraft $\mu \cdot G$
Sicherungskraft	Ist die Kraft, die ein Verrutschen oder Umfallen der Ladung verhindern soll.	Massenkraft − Reibungskraft $F_M - F_R$
Vorspannkraft	$\frac{\text{Sicherungsfaktor} - \text{Gleit/Reibungskraft}}{\text{Gleit/Reibungskraft}} \cdot \frac{\text{Ladungsgewicht}}{1,5}$ $\frac{f - \mu}{\mu} \cdot \frac{F_G}{1,5}$	Ist die erforderliche Kraft axialer Richtung.

F_V = Vorspannkraft zur Sicherung der gesamten Ladung
f = Sicherungsfaktor, nach vorn 0,8; nach hinten und zur Seite je 0,5
μ = Gleit/Reibungskraft
F_G = Ladungsgewicht in daN

Begriff	Beschreibung	Formel
Arbeit in Nm, J, Ws	Ist ein Begriff der Klassischen Mechanik, wird auch mechanische Arbeit genannt.	Kraft • Kraftweg $K \cdot s$
Kraft in N	Ist eine gerichtete physikalische Größe, die Körper beschleunigen oder verformen kann.	$\frac{W}{s}$
Kraftweg in m	Der Kraftweg wird in einem Diagramm dargestellt.	$\frac{W}{F}$

G	Gewichtskraft	F_Z	Fliehkraft
a	Beschleunigung $\frac{m}{s^2}$	v^2	Geschwindigkeit $\frac{m}{s^2}$
g	Beschleunigung 9,81	r	Radius
F_M	Massenkraft	F_R	Reibungskraft
m	Masse	μ	Gleit/Reibungskraft
F_S	Sicherungskraft	F_V	Vorspannkraft
f	Sicherungsfaktor	F_G	Ladungsgewicht
W	Arbeit in Nm, J, Ws	F	Kraft in N
s	Kraftweg in m		

Mechanische Leistung	$\dfrac{\text{Kraft} \cdot \text{Weg}}{\text{Zeit}}$	z.B. $P = \dfrac{300 \text{ N} \cdot 75 \text{ m}}{320 \text{ sekunden}}$
	$\dfrac{F \cdot s}{t}$	$P = 70{,}3125 \dfrac{J}{\text{sekunde}}$
	$\dfrac{\text{Arbeit}}{\text{Zeit}}$	z.B. $P = \dfrac{500 \text{ J}}{750 \text{ sekunden}}$
	$\dfrac{W}{t}$	$P = 0{,}667 \dfrac{J}{\text{sekunde}}$

2.3 Hebelgesetz

$$\boxed{\text{Kraft} \cdot \text{Kraftarm} = \text{Last} \cdot \text{Lastarm}}$$

$$\boxed{F_K \cdot l_K = F_L \cdot l_L}$$

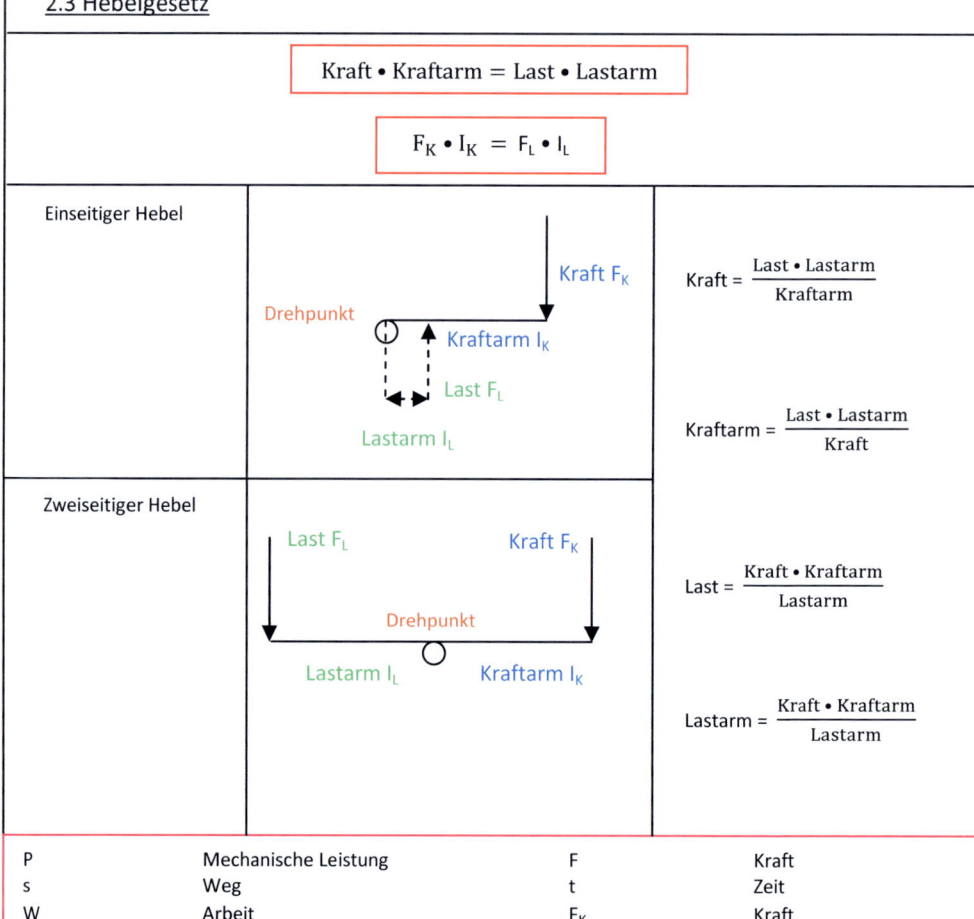

Einseitiger Hebel		$\text{Kraft} = \dfrac{\text{Last} \cdot \text{Lastarm}}{\text{Kraftarm}}$
		$\text{Kraftarm} = \dfrac{\text{Last} \cdot \text{Lastarm}}{\text{Kraft}}$
Zweiseitiger Hebel		$\text{Last} = \dfrac{\text{Kraft} \cdot \text{Kraftarm}}{\text{Lastarm}}$
		$\text{Lastarm} = \dfrac{\text{Kraft} \cdot \text{Kraftarm}}{\text{Lastarm}}$

P	Mechanische Leistung	F	Kraft
s	Weg	t	Zeit
W	Arbeit	F_K	Kraft
l_K	Kraftarm	F_L	Last
l_L	Lastarm		

2.4 Hydraulik

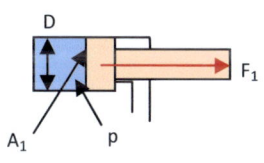

Ausfahren

$$F_1 = A_1 \bullet p$$

$$A_1 = \frac{\pi \bullet D^2}{4}$$

$F_1 = 8 \text{ cm}^2 \bullet 11 \text{ cm}^2$
$F_1 = 7744 \text{ N}$

$A_1 = \frac{\pi \bullet 7 \text{ cm}^2}{4}$

$A_1 = 38,458 \text{ cm}^2$

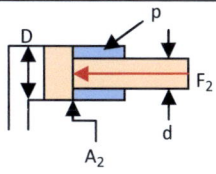

Einfahren

$$F_2 = A_2 \bullet p$$

$$A_2 = \frac{\pi}{4} \bullet (D^2 - d^2)$$

$F_2 = 9 \text{ cm}^2 \bullet 11 \text{ cm}^2$
$F_2 = 9801 \text{ N}$

$A_2 = \frac{\pi}{4} \bullet (7 \text{ cm}^2 - 66 \text{ mm}^2)$

$A_2 = 38,142 \text{ cm}^2$

$$1 \text{ bar} = 10 \text{ N/cm}^2$$

2.5 Riementrieb

$$n_1 \bullet d_1 = n_2 \bullet d_2$$

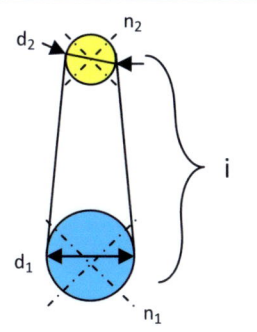

$$i = \frac{n_1}{n_2}$$

$i = \frac{20 \text{ 1/min}}{15 \text{ 1/min}}$
$i = 1,33$

$$i = \frac{d_2}{d_1}$$

$i = \frac{33 \text{ mm}}{18 \text{ mm}}$
$i = 1,83$

$$i = \frac{M_2}{M_1}$$

$i = \frac{57 \text{ Nm}}{13 \text{ Nm}}$
$i = 4,385$

$i > 1$ Übersetzung ins Langsame
$i = 1$ direkte Übersetzung
$i < 1$ Übersetzung ins Schnelle

F_1, F_2	Kolbenkraft in N		D	Kolbendurchmesser in cm
p	Flüssigkeitsdruck pro cm^2		A_1, A_2	Wirksame Kolbenfläche in cm^2
d	Kolbendurchmesser in cm		i	Übersetzung
d_1	Durchmesser treibende Scheibe in mm		n_1	Drehzahl treibende Scheibe in 1/min
d_2	Durchmesser getriebene Scheibe in mm		n_2	Drehzahl getriebene Scheibe in 1/min
M_1	Drehmoment treibende Scheibe in Nm		M_2	Drehmoment getriebene Scheibe in Nm

2.6 Temperaturskalen

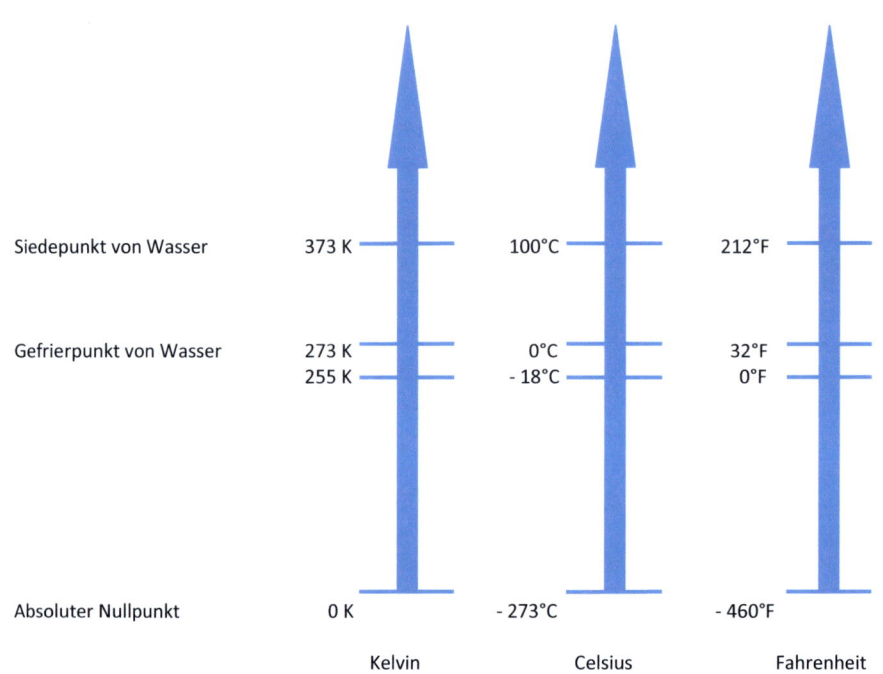

	Kelvin	Celsius	Fahrenheit
Siedepunkt von Wasser	373 K	100°C	212°F
Gefrierpunkt von Wasser	273 K	0°C	32°F
	255 K	- 18°C	0°F
Absoluter Nullpunkt	0 K	- 273°C	- 460°F

Beispiele

Objekt	Temperatur in °C
Schmelzpunkt von Eisen	5505°C
Oberfläche der Sonne	5500°C
Glühwendel von Glühlampe	2500°C
Schmelzpunkt von Blei	1535°C
Streichholzflamme	800°C
Pizzaofen	> 400°C
Körpertemperatur eines gesunden Menschen	36°C - 37°C

Die Temperatur beschreibt den Zustand eines Systems, wobei die Wärme oder Wärmeenergie eine andere physikalische Größe ist.

3.1 Periodensystem

Hauptgruppen

Nebengruppen

1,0 H 1																	4,0 He 2
6,9 Li 3	9,0 Be 4											10,8 B 5	12,0 C 6	14,0 N 7	16,0 O 8	19,0 F 9	20,2 Ne 10
23,0 Na 11	24,3 Mg 12											27,0 Al 13	28,1 Si 14	31,0 P 15	32,1 S 16	35,5 Cl 17	39,9 Ar 18
39,1 K 19	40,1 Ca 20	45 Sc 21	47,9 Ti 22	50,8 V 23	52 Cr 24	54,9 Mn 25	55,8 Fe 26	58,9 Co 27	58,7 Ni 28	63,5 Cu 29	65,4 Zn 30	69,7 Ga 31	72,6 Ge 32	74,9 As 33	79 Se 34	79,9 Br 35	83,8 Kr 36
85,5 Rb 37	87,6 Sr 38	88,9 Y 39	91,2 Zr 40	92,9 Nb 41	95,9 Mo 42	98 Tc 43	101,1 Ru 44	102,9 Rh 45	106,4 Pd 46	107,9 Ag 47	112,4 Cd 48	114,8 In 49	114,8 Sn 50	121,8 Sb 51	127,6 Te 52	126,9 I 53	131,3 Xe 54
132,9 Cs 55	137,3 Ba 56	138,9 La 57	178,5 Hf 72	180,9 Ta 73	183,8 W 74	186,2 Re 75	190,2 Os 76	192,2 Ir 77	195,1 Pt 78	197,0 Au 79	200,6 Hg 80	204,4 Tl 81	207,2 Pb 82	209,0 Bi 83	209 Po 84	210 At 85	222 Rn 86
223 Fr 87	226 Ra 88	227 Ac 89	261 Rf 104	162 Db 105													

Periodensystem der Elemente
ohne Lanthaniden und Actiniden

Die Materie um uns besteht aus Atomen. Jedes Atom besitzt einen Atomkern und eine Elektronenhülle.
Jeder Atomkern enthält positiv geladene Protonen (zwischen 1 und derzeit bekannt 118), die Anzahl deren wird als Kernladungszahl bezeichnet und dient als Ordnungszahl (OZ) für die betreffende Atomsorte.
Jeder Atomkern ist von einer Elektronenhülle umgeben.
Wenn diese Hülle genau so viele (negativ geladene) Elektronen enthält, wie im Kern Protonen vorhanden sind, befindet sich das Atom im elektrisch neutralen Zustand (Proton und Elektron sind gleich groß).
Das Periodensystem bezieht sich nur auf Atome die in diesem elektrisch neutralen Zustand sind.
Elektronen können sich im Atom nur auf solchen Bahnen befinden (die bestimmte Abstände vom Atomkern haben) für diese gehörigen Bahnen wird auch der Begriff Schale benutzt.

Meldebestand	$= 2 \cdot \text{Sicherheitsbestand}$ $= \text{Tagesverbrauch} \cdot \text{Lieferzeit} + \text{Mindestbestand}$
Mindestbestand	$= \text{Meldebstand} - (\text{Tagesverbrauch} \cdot \text{Lieferzeit})$
Verfügbarer Bestand	tatsächlicher Bestand + disponierter Bestand (offene Bestellungen) - Reservierungen für Kunden- und Fertigungsaufträge - Rückstände (gegenüber Kunden und Fertigung)
Sicherheitsbestand	$= \text{Ø Verbrauch pro Periode} \cdot \text{Beschaffungsdauer}$ $= \text{Sicherungszeit} \cdot \text{Ø Tagesverbrauch}$
Ø Lagerbestand	$= \dfrac{\text{Wareneinsatz}}{\text{Lagerumschlag}}$
Ø Lagerbestand (Monatsinventur)	$= \dfrac{\text{Anfangsbestand} + 12\ \text{Monatsbestände}}{13}$
Ø Lagerbestand (Quartalsinventur)	$= \dfrac{\text{Anfangsbestand} + 4\ \text{Quartalsendbestände}}{5}$
Ø Lagerbestand (Jahresinventur)	$= \dfrac{\text{Anfangsbestand} + \text{Endbestand}}{2}$
Ø Lagerdauer	$= \dfrac{360}{\text{Lagerumschlag}}$

B_M	Meldebestand	B_S	Sicherheitsbestand
Ø	Durchschnitt		

Lagerumschlag	$= \dfrac{\text{Wareneinsatz (Verbrauch)}}{\varnothing \text{ Lagerbestand}}$
Wareneinsatz	$= \text{Anfangsbestand} + \text{Zugänge} - \text{Endbestand}$
Endbestand	$= 2 \bullet \varnothing \text{ Lagerbestand} - \text{Anfangsbestand}$ $= \text{Anfangsbestand} + \text{Zugänge} - \text{Abgänge}$
Lagerreichweite (Tage)	$= \dfrac{\text{Lagerbestand} + \text{offene Bestellungen}}{\text{Verbrauch pro Tag}}$
Lagerreichweite (Perioden)	$= \dfrac{\varnothing \text{ Lagerbestand}}{\text{Bedarf pro Zeiteinheit}}$
Verbrauch	$= \text{Anfangsbestand} + \text{Zugänge} - \text{Endbestand}$
Mehr-/ Minderverbrauch	$= \text{Sollbestand} - \text{Istbestand}$
Istverbrauch	$= \text{Sollverbrauch} \pm \text{Mehr} -/\text{Minderverbrauch}$
Tagesverbrauch	$= \dfrac{\text{Meldebestand} - \text{Mindesbestand}}{\text{Lieferzeit}}$
Sollbestand	$= \text{Anfangsbestand} + \text{Zugänge} - \text{Sollverbrauch}$
Nettobedarf	Gesamtbedarf + Zusatzbedarf = Bruttobedarf - Lagerbestand - Bestellbestand + Vormerkbestand

$\varnothing$ Durchschnitt

Bestellrhythmusverfahren

$$= \text{Ø Tagesverbrauch} \cdot (\text{Beschaffungszeit} + \text{Überprüfungszeit}) + \text{Sicherheitsbestand}$$

Bestellpunktverfahren

$$= \text{Ø Tagesverbrauch} \cdot \text{Beschaffungszeit} + \text{Sicherheitsbestand}$$

Optimale Bestellmenge (X_{OPT})

$$= \sqrt{\frac{200 \cdot \text{Jahresbedarfsmenge} \cdot \text{Bestellkosten pro Bestellung}}{\text{Einstandspreis pro Mengeneinheit} \cdot \text{Lagerhaltungskostensatz}}}$$

$$= \sqrt{\frac{200 \cdot M \cdot K_B}{E \cdot L_{HS}}}$$

Optimale Beschaffungshäufigkeit

$$= \sqrt{\frac{\text{Jahresbedarfsmenge} \cdot \text{Einstandspreis pro Mengeneinheit} \cdot \text{Lagerhaltungskostensatz}}{200 \cdot \text{Bestellkosten pro Bestellung}}}$$

$$= \sqrt{\frac{M \cdot E \cdot L_{HS}}{200 \cdot K_B}}$$

Bestellkosten der Beschaffungskosten (€)	$= \dfrac{\text{Bestellkosten pro Monat/Jahr} \cdot 100}{\text{Beschaffungskosten pro Monat/Jahr}}$
Beschaffungskosten pro Bestellung	$= \dfrac{\text{Beschaffungskosten}}{\text{Zahl der Bestellungen}}$
Lieferbereitschaft	$= \dfrac{\text{Summe der sofort bedienten Mengen}}{\text{Summe der angeforderten Mengen}}$

Ø	Durchschnitt	X_{OPT}	Optimale Bestellmenge
M	Jahresbedarfsmenge	L_{HS}	Lagerhaltungskostensatz
K_B	Bestellkosten pro Bestellung		
E	Einstandspreis pro Mengeneinheit		

Bestellkosten der Beschaffungskosten (€) in %

4. Lagerkennzahlen

Lieferzeit

$$= \frac{\text{Meldebetsand} - \text{Mindesbestand}}{\text{Tagesverbrauch}}$$

Warenannahmekosten pro Lieferung

$$= \frac{\text{Wahrenannahmekosten}}{\text{Zahl der Lieferungen (Monat)}}$$

Bruttobedarf

$$= \text{Sekundärbedarf} + \text{Zusatzbedarf}$$

Sekundärbedarf

$$= \text{Bedarf an Enderzeugnisse} \cdot \text{Bestandteile des Erzeugnisses}$$

4.1 ABC-Analyse

A = hoher Verbrauchswert
B = mittlerer Verbrauchswert
C = niedriger Verbrauchswert

X = hoher Vorhersagewert
Y = mittlerer Vorhersagewert
Z = niedriger Vorhersagewert

	A	B	C
X	hoher Verbrauchswert hoher Vorhersagewert	mittlerer Verbrauchswert hoher Vorhersagewert	niedriger Verbrauchswert hoher Vorhersagewert
Y	hoher Verbrauchswert mittlerer Vorhersagewert	mittlerer Verbrauchswert mittlerer Vorhersagewert	niedriger Verbrauchswert mittlerer Vorhersagewert
Z	hoher Verbrauchswert niedriger Vorhersagewert	mittlerer Verbrauchswert niedriger Vorhersagewert	niedriger Verbrauchswert niedriger Vorhersagewert

Jahresverbrauch

Vergleiche Anfangsbestand und Endbestand und verrechne die Differenz mit den Warenzugängen.

Soll-Verbrauch

$$= \text{Hergestellte Stückzahl} \cdot \text{Soll/Verbrauchsmenge pro Stück}$$

Einfacher Durchschnittswert

$$= \frac{\text{Gesamtsumme}}{\text{Anzahl der Posten}}$$

4. Lagerkennzahlen

Gewogener Durchschnittswert	$= \dfrac{\text{Gesamtpreis}}{\text{Gesamtmenge}}$
Bestandsveränderung	$= \text{Anfangsbestand} - \text{Endbestand}$
Lagerkostensatz	$= \dfrac{\text{Lagerkosten} \bullet 100}{\text{Ø Lagerbestand}}$
	$= \dfrac{\text{Lagerkosten} \bullet 100 \bullet 2}{\text{Lagerbestand} \bullet \text{Einstandspreis}} = \dfrac{\text{Lagerkosten} \bullet 100}{\text{Ø im Lager gebundenes Kapital}}$ $= \dfrac{K_L \bullet 100 \bullet 2}{B_L \bullet E} = \dfrac{K_L \bullet 100}{B_D}$
Ø Lagerkosten	$= \dfrac{\text{Gesamtkosten der Lagereinrichtung}}{\text{Zahl der Lagerplätze}}$
Lagerhaltungskostensatz	$= \text{Lagerkostensatz} + \text{kalkulatorischer Zinssatz}$ $= L_S + \text{p. a.}$
Lagerzinsen	$= \dfrac{\text{Ø Lagerbestand} \bullet \text{Ø Lagerdauer} \bullet \text{Zinssatz}}{100 \bullet 360}$
	$= \dfrac{\text{Ø Lagerbestand}}{100} \bullet \text{Lagerzinssatz}$
Lagerzinssatz	$= \dfrac{\text{Jahreszinssatz} \bullet \text{Ø Lagerdauer}}{360 \text{ Tage}}$
	$= \dfrac{\text{Jahreszinssatz üblichen Kraditgeber}}{\text{Lagerumschlagshäufigkeit}}$

Ø	Durchschnitt	L_S	Lagerkostensatz
K_L	Lagerkosten	B_L	Lagerbestand
B_D	Ø im Lager gebundenes Kapital	E	Einstandspreis
L_{HKS}	Lagerhaltungskostensatz	L_S	Lagerkostensatz

Kapitalbindung liegender Bestände	$=$ Wert liegender Bestände $\cdot$ Lagerzeit $\cdot$ interner Zinsfuß
Materialkostenanteil	$= \dfrac{\text{Materialkosten} \cdot 100}{\text{Gesamtkosten}}$
Zinskosten	$= \dfrac{\text{Ø im Lager gebundenes Kapital} \cdot \text{Zinssatz}}{100}$ $= \dfrac{B_D \cdot p}{100}$
Kapazitätsauslastung	$= \dfrac{\text{effektive Kapazitätsauslastung}}{\text{maximale Kapazitätsauslastung}}$
Gliederungszahl (stellen eine Teilmenge mit der Gesamtmenge in Zusammenhang)	$= \dfrac{\text{Teilmenge} \cdot 100}{\text{Gesamtmenge}}$
Logistikkosten pro Umsatzeinheit	$= \dfrac{\text{gesamten Logistikkosten}}{\text{Ausbringungsmenge}}$
Preisabweichung vom Ø	$= \dfrac{\text{Höchster Einstandspreis (€) pro Mengeneinheit} \cdot 100}{\text{Ø Einstandspreis (€) pro Mengeneinheit}}$

K_Z	Zinskosten	Ø	Durchschnitt
B_D	Ø im Lager gebundenes Kapital	p	Zinssatz

Preisabweichung vom Ø in %

4.2 Schematischer Aufbau des Inventars

A. Vermögen
   I.   Anlagevermögen
      - Bebaute / unbebaute Grundstücke
      - Maschinen / Anlagen
      - Fuhrpark
      - Betriebs- und Geschäftsausstattung
   II.   Umlaufvermögen
      - Waren
      - Forderungen
      - Bestand
      - Bank
      - Kasse

B. Verbindlichkeiten = Fremdkapital
   I.   Langfristige Verbindlichkeiten
      - Hypothekenschulden
      - Darlehensschulden
   II.   Kurzfristige Verbindlichkeiten
      - Verbindlichkeiten an Lieferanten
      - sonstige Verbindlichkeiten

C. Reinvermögen = Eigenkapital
     Vermögenswerte
   - Verbindlichkeiten
   = Reinvermögen (Eigenkapital)

Lagerkosten pro m²	$= \dfrac{\text{gesamte Lagerkosten}}{\text{gesamte m}^2}$
Auslastungsgrad	$= \dfrac{\text{Kapazitätsbedarf}}{\text{Kapazitätsbestand}} \cdot 100$

AV	Anlagevermögen	UV	Umlaufvermögen
BGA	Betriebs- und Geschäftsausstattung	FK	Fremdkapital
EK	Eigenkapital		

Auslastungsgrad in %

Raumnutzungsgrad

$$= \frac{\text{max. Rauminhalt der einzulagernden (m}^3\text{)} \cdot 100}{\text{umbauter Raum des Lagers (m}^3\text{)}}$$

$$= \frac{\text{Lagervolumen (m}^3\text{)} \cdot 100}{\text{Regalvolumen (m}^3\text{)}}$$

Raumkosten (Maschinen)

$$= \frac{\text{Mietpreis pro m}^2 \text{(Jahr)}}{\text{Einsatzzeit in h (Jahr)}} \cdot \frac{\text{Gesamtfläche des Raumes pro m}^2}{\text{Gesamtfläche der Maschine pro m}^2}$$

Flächennutzungsgrad

$$= \frac{\text{belegte Regalfläche (m}^2\text{)} \cdot 100}{\text{Gesamtlagerfläche (m}^2\text{)}}$$

Höhennutzungsgrad

$$= \frac{\text{genutzte Lagerungshöhe (m)} \cdot 100}{\text{Nutzbare Lagerungshöhe (m)}}$$

Stapelhöhe

$$\frac{M_{ST}}{M_K} = \frac{b}{h_i} \cdot \frac{n \cdot Q_S \cdot 9{,}81\frac{m}{s^2}}{(n-1) \cdot (2 \cdot H_Z + n \cdot H)}$$

$$\frac{\text{Standmoment (SM)}}{\text{Kippmoment (KM)}}$$

$$\frac{\text{Breite}}{\text{Höhe des Lagergerätes}} \cdot \frac{\text{Anzahl/Stückzahl} \cdot \text{Gesamtmasse} \cdot 9{,}81\frac{m}{s^2}}{(\text{Anzahl/Stückzahl} - 1) \cdot (2 \cdot \text{zusätzliche Horizontalkraft} + \text{Anzahl/Stückzahl} \cdot \text{Horizontalkraft})}$$

m	Meter	h	Stunden
M_{ST}	Standmoment	M_K	Kippmoment
b	Breite	h_i	Höhe des Lagergerätes
n	Anzahl / Stückzahl	Q_S	Gesamtmasse
H_Z	zusätzliche Horizontalkraft min. 150N	H	Horizontalkraft

Raumnutzungsgrad in %

g   Beschleunigung $9{,}81\frac{m}{s^2}$

Flächennutzungsgrad in %

Höhennutzungsgrad in %

4.3 Break Even Point (BEP)

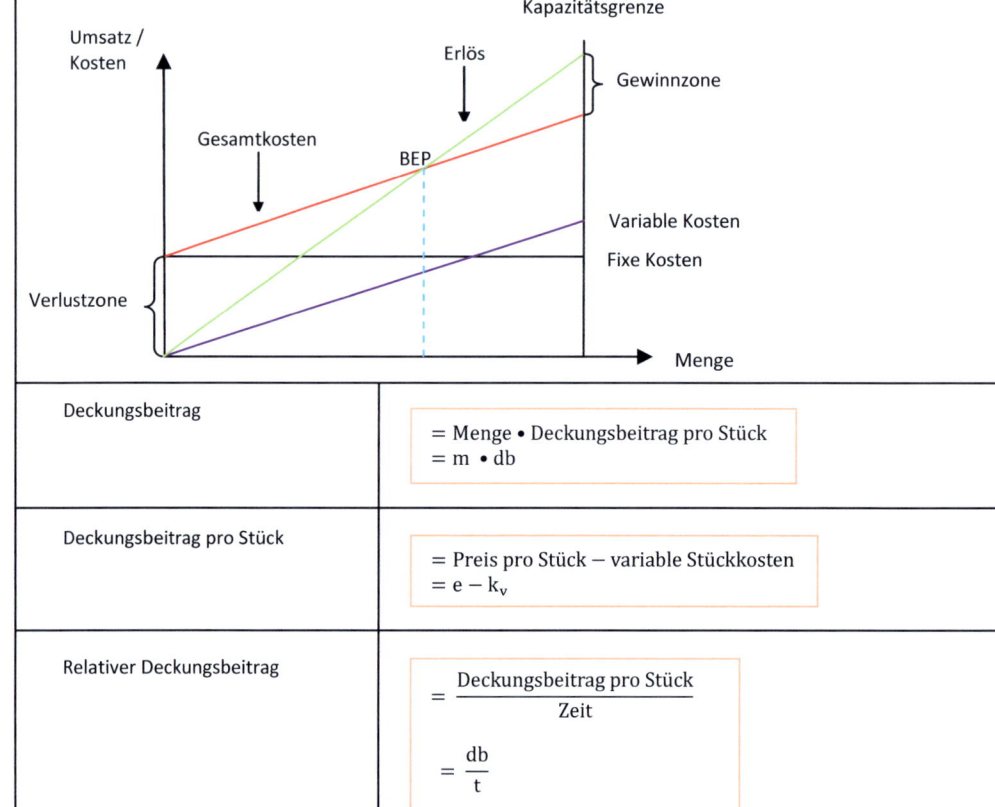

Deckungsbeitrag	$= \text{Menge} \cdot \text{Deckungsbeitrag pro Stück}$ $= m \cdot db$
Deckungsbeitrag pro Stück	$= \text{Preis pro Stück} - \text{variable Stückkosten}$ $= e - k_v$
Relativer Deckungsbeitrag	$= \dfrac{\text{Deckungsbeitrag pro Stück}}{\text{Zeit}}$ $= \dfrac{db}{t}$
Variable Stückkosten	$= \dfrac{\text{Kostenzuwachs}}{\text{Mengenzuwachs}}$ $= \dfrac{K_g 2 - K_g 1}{m2 - m1}$

Db	Deckungsbeitrag	m	Menge
db	Deckungsbeitrag pro Stück	e	Preis pro Stück
K_V	variable Stückkosten	E	Erlös
t	Zeit		

4. Lagerkennzahlen

Gesamtkosten	$= \text{Fixkosten} + \text{Menge} \bullet \text{variable Stückkosten}$ $= K_f + m \bullet k_v$	
Gewinn	$= \text{Erlös} - \text{Kosten}$ $= E - K$	
	$= \text{Deckungsbeitrag} - \text{Fixkosten}$ $= Db - K_f$	
Gewinn & Verlust	$= \text{Erlös} - \text{Gesamtkosten}$ $= E - K_g$	
Erlös	$= \text{Stückpreis} \bullet \text{Stückzahl}$	Erlös = Kosten
Break Even Point	$= \dfrac{\text{Summe aller fixen Kosten}}{\text{Deckungsbeitrag pro Stück}}$	

4.4 Netzplan

Vorwärtsterminierung →

Vorgang		
FAZ	Dauer	FEZ
SAZ	Puffer	SEZ

← Rückwärtsterminierung

Vorgang			
FAZ	Dauer		FEZ
SAZ	GP	FP	SEZ

FAZ = frühestmöglicher Anfangszeit
FEZ = frühestmöglicher Endzeit
SEZ = spätmögliche Endzeit
SAZ = spätmögliche Anfangszeit
GP = Gesamtpuffer
FP = neu zu betrachtender Puffer

m	Menge	K_F	Fixkosten
K_V	variable Stückkosten	G	Gewinn
E	Erlös	K	Kosten
Db	Deckungsbeitrag	K_G	Gesamtkosten
BEP	Break Even Point		

4.5 Berechnung Akkordlohn

4.5.1 Stückzeitakkordlohn

Akkordrichtsatz	$= \text{Grundgehalt} + \text{Akkordzuschlag}$
Minutenfaktor	$= \dfrac{\text{Akkordrichtsatz}}{60}$
Vorgabezeit	$= \dfrac{60}{\text{Normalleistung}}$
Bruttolohn	$= \text{Minutenfaktor} \cdot \text{Vorgabezeit} \cdot \text{geleistete Stück}$
Leistungsgrad	$= \dfrac{\text{Istleistung}}{\text{Normalleistung}} \cdot 100$

4.5.2 Stückgeldakkordlohn

Stückgeldsatz	$= \dfrac{\text{Akkordrichtsatz}}{\text{Normalleistung}}$
Bruttolohn	$= \text{Stückgeldsatz} \cdot \text{Istleistung}$

4.5.3 Zeitlohn

Lohn	$= \text{Arbeitszeit} \cdot \text{Stundenlohn}$

Das Bruttoarbeitsentgelt (Bruttolohn, Bruttoverdienst oder Bruttogehalt) stellt den gesamten vereinbarten Entgeltbetrag dar.
Nach Abzug diverser Beträge, ergibt sich das Nettoentgelt.

4. Lagerkennzahlen

Zeitgrad	$= \dfrac{\text{Vorgabezeit}}{\text{Istzeit}} \cdot 100$
Leistungsgrad	$= \dfrac{\text{Istleistung}}{\text{Sollleistung}} \cdot 100$
Beschäftigungsgrad	$= \dfrac{\text{Produktionsmenge} \cdot 100}{\text{Kapazität}}$
Ø Anzahl der Kommissionierpositionen (pro Auftrag)	$= \dfrac{\text{Gesamtzahl der Kommissionierpositionen}}{\text{Anzahl der Aufträge}}$
Kommissionierkosten (pro Position)	$= \dfrac{\text{Betriebskosten pro Stunde}}{\text{Kommissionierkosten pro Stunde}}$
Bearbeitungskosten einer Position	$= \dfrac{\text{Kosten der Auftragsabwicklung}}{\text{Zahl der bearbeiteten Positionen}}$
Kommissionier kosten (pro Auftrag)	$= \dfrac{\text{gesamte Kommissionierkosten}}{\text{Anzahl der Kommissionieraufträge}}$
Kommissionierzeit	$= \text{Basiszeit} + \text{Wegzeit} + \text{Greifzeit} + \text{Totzeit} + \text{Verteilzeit}$
Kommissionierzeit pro Auftrag	$= \dfrac{\text{Kommissionierzeit}}{\text{Zahl der Kommissionieraufträge}}$
Lagerbewegungen je Mitarbeiter	$= \dfrac{\text{Zahl der Lagerbewegungen}}{\text{Zahl der Lagermitarbeiter}}$
Kosten pro Lagerbewegung	$= \dfrac{\text{Lagerpersonalkosten und Sachkosten}}{\text{Zahl der Lagerzugänge und abgänge}}$

Zeitgrad in %
Leistungsgrad in %

4. Lagerkennzahlen

Fehlerquote	$= \dfrac{\text{Kommissionierfehler} \cdot 100}{\text{Anzahl der gesammten Kommissionierungen}}$
Quote der Beanstandung	$= \dfrac{\text{Zahl der beanstandeten Lieferungen}}{\text{Zahl der gesamten Lieferungen}}$
Distributionskosten pro Auftrag	$= \dfrac{\text{Kosten der Distribution}}{\text{Zahl der Aufträge}}$
Logistikkosten insgesamt pro Mitarbeiter	$= \dfrac{\text{Logistikkosten}}{\text{Zahl der Mitarbeiter}}$
Personenermittlung	$= \dfrac{\text{Kapazitätsbedarf}}{\text{Kapazitätsbestand pro Mitarbeiter}}$
Personenkostenanteil	$= \dfrac{\text{Personalkosten einer Abrechnungsperiode} \cdot 100}{\text{Gesamtkosten der Periode}}$

4.6 Für den Betrieb

Wirtschaftlichkeit	$= \dfrac{\text{Leistung}}{\text{Kosten}}$
Produktivität	$= \dfrac{\text{Ausbringmenge}}{\text{Einsatzmenge}}$
Liquidität 1. Grades	$= \dfrac{\text{Geldwerte} \cdot 100}{\text{kurzfristiges Fremdkapital}}$
Liquidität 2. Grades	$= \dfrac{(\text{Geldwerte} + \text{kurzfristige Forderungen an Kunden}) \cdot 100}{\text{kurzfristige Verbindlichkeiten}}$
Liquidität 3. Grades	$= \dfrac{\text{Umlaufvermögen} \cdot 100}{\text{kurzfristige Verbindlichkeiten}}$

Fehlerquote in %
Personenkostenanteil in %
n_{pers} Personenermittlung

Selbstkosten	Fertigungsmaterial + Materialgemeinkosten + Beschaffungslogistik-GK = Materialkosten + Fertigungslohn + Fertigungsgemeinkosten + Sondereinzelkosten der Fertigung + Fertigungslogistik-GK = Fertigungskosten = Herstellkosten + Verwaltungsgemeinkosten + Vertriebsgemeinkosten + Sondereinzelkosten des Vertriebs + Absatzlogistikgemeinkosten = Selbstkosten
Selbstkosten (Eigenfertigung)	Materialkosten + Fertigungskosten = Herstellkosten + Verwaltungs-/ Vertriebskosten = Selbstkosten
Selbstkosten (Fremdfertigung)	Listeneinkaufspreis - Rabatt = Zieleinkaufspreis - Skonto = Bareinkaufspreis + Transportkosten = Einstands-/ Bezugspreis + Kosten in den Zustand = Selbstkosten
Eigenkapitalrentabilität	$= \dfrac{\text{Gewinn}}{\text{Eigenkapital}} \cdot 100$
Umsatzrentabilität	$= \dfrac{\text{Gewinn}}{\text{Umsatzerlöse}} \cdot 100$ $= \dfrac{\text{Betriebsergebnis} \cdot 100}{\text{Netto} - \text{Betriebsleistung (Umsatz)}}$ $= \dfrac{\text{Ergebnis der Geschäftstätigkeit} \cdot 100}{\text{Netto} - \text{Betriebsleistung (Umsatz)}}$

Eigenkapitalrentabilität in %

Vertriebskostenanteil	$= \dfrac{\text{Vertriebskosten} \cdot 100}{\text{Gesamtkosten}}$
Fixkostenanteil	$= \dfrac{\text{Fixkosten einer Abrechnungsperiode} \cdot 100}{\text{Gesamtkosten der Periode}}$
Prozentanteil	$= \dfrac{\text{Wertmäßiger Jahresbedarf der einzelnen Materialnummer} \cdot 100}{\text{gesamter wertmäßiger Jahresbedarf}}$
Zieleinkaufspreis	= Einkaufspreis (Listenpreis) – Rabatt
Bezugs- oder Einstandspreis	Listeneinkaufspreis - Lieferrabatt - Bonus + Mindermengenzuschlag = Zieleinkaufspreis - Lieferskonto = Bareinkaufspreis +Transportkosten = Bezugspreis
Herstellkosten	Materialeinzelkosten + Materialgemeinkosten + Fertigungseinzelkosten + Fertigungsgemeinkosten + Sondereinzelfertigung der Fertigung
Preisindex eines Materials	$= \dfrac{\text{Preis vom Berichtsmonat} \cdot 100}{\text{Preis vom Basismonat}}$
Limitrechnung Bestandsveränderung = Vergleich zwischen Endbestand und Anfangsbestand	Ist-Zustand + Umsatzzuwachs = Soll-Umsatz - Handelsspanne = Wareneinsatz ± Bestandsveränderung = Nettolimit - Limitressource = freies Limit

Ziel-EK	Zieleinkaufspreis	HK	Herstellkosten
MEK	Materialeinzelkosten	MGK	Materialgemeinkosten
FEK	Fertigungseinzelkosten	FGK	Fertiggemeinkosten
SEF	Sondereinzelfertigung der Fertigung		
Fixkostenanteil in %			

Gesamtkosten der Verteilung	Transportkosten (Fertigung – Lager) + Fixe Lagerhaltungskosten + Variable Lagerhaltungskosten + Kosten für entgangenen Umsatz
Zielverkaufspreis	$= \dfrac{\text{Barverkaufspreis}}{1 - \text{Skontosatz}}$
Barverkaufspreis	$= \text{Zielverkaufspreis} \cdot (1 - \text{Skontosatz})$
Preisnachlassquote	$= \dfrac{\text{Erzielte Preisnachlässe} \cdot 100}{\text{Durchschnittspreis}}$
Rabattstruktur nach Rabattarten	$= \dfrac{\text{Gesamter Rabattwert} \cdot 100}{\text{Einkaufswert zu Bruttopreisen}}$
Rabattstruktur nach Rabatthöhen	$= \dfrac{\text{Einkäufe von Rabatten (\%)} \cdot 100}{\text{Gesamter Einkauf mit Rabatten}}$
Zeit	$= \dfrac{\text{Zinsen} \cdot 100 \cdot 360}{\text{Kapital} \cdot \text{Zinssatz}}$ $= \dfrac{z \cdot 100 \cdot 360}{K \cdot p}$
Kapital	$= \dfrac{\text{Zinsen} \cdot 100 \cdot 360}{\text{Zeit} \cdot \text{Zinssatz}}$ $= \dfrac{z \cdot 100 \cdot 360}{i \cdot p}$
Zinssatz	$= \dfrac{\text{Zinsen} \cdot 100 \cdot 360}{\text{Kapital} \cdot \text{Zeit}}$ $= \dfrac{z \cdot 100 \cdot 360}{K \cdot i}$

K_V	Gesamtkosten der Verteilung	K_T	Transportkosten
L_{HKf}	Fixe Lagerhaltungskosten	i	Zeit
L_{HKv}	Variable Lagerhaltungskosten	z	Zinsen
K_U	Kosten für entgangenen Umsatz	K	Kapital
P	Zinssatz		

Rabattstruktur nach Rabattarten in %
Rabattstruktur nach Rabatthöhen in %

4.7 Gewinn- und Verlustrechnung

Zeitraum (01.01. - 31.12.)	Vorjahr	Akt. Jahr
Umsatzerlöse		
- Materialaufwand		
- Personalaufwand		
- Abschreibung		
- Sonstige betriebliche Aufwendungen		
= Betriebserfolg (EBIT)		
+ Zinserträge		
- Zinsaufwand		
± Beteiligungserträge/- aufwendungen		
= Finanzerfolg		
= Ergebnis der gewöhnlichen Geschäftstätigkeit (EGT)		
± außerordentliches Ergebnis		
- Ertragssteuer		
= Jahresüberschuss/- fehlbetrag		
± Rücklagenveränderung		
± Gewinnvortrag/Verlustvortrag		
= Bilanzgewinn/- verlust		

Eigenkapitalquote	
	$= \dfrac{\text{Eigenkapital} \cdot 100}{\text{Gesamtkapital}}$

4.8 Abschreibung

Lineare Abschreibung	max. degressive Abschreibung
4%	8%
8%	16%
10%	20%
15%	20%
20%	20%

Merke: Der Abschreibungssatz sollte nicht mehr als 25% überschreiten.

Jährliche Abschreibungsquote	$= \dfrac{100\ \%}{\text{Abschreibungsjahre}}$

Darstellung

Lineare (12,5% vom AW)	Ermittlung des Buch- bzw. Restwertes	Degressive (20% vom RW)
10000,00 €	Anschaffungswert	10000,00 €
1250,00 €	- Abschreibung 1	**2000,00 €**
8750,00 €	Buchwert Ende 1. Jahres	8000,00 €
1250,00 €	- Abschreibung 2	**1600,00 €**
7500,00 €	Buchwert Ende 2. Jahres	6400,00 €
1250,00 €	- Abschreibung 3	**1280,00 €**
6250,00 €	Buchwert Ende 3. Jahres	5120,00 €
1250,00 €	- Abschreibung 4	**1024,00 €**
5000,00 €	Buchwert Ende 4. Jahres	4096,00 €
1250,00 €	- Abschreibung 5	**819,20 €**
3750,00 €	Buchwert Ende 5. Jahres	3276,80 €
1250,00 €	- Abschreibung 6	**655,36 €**
2500,00 €	Buchwert Ende 6. Jahres	2621,44 €
1250,00 €	- Abschreibung 7	**524,29 €**
1250,00 €	Buchwert Ende 7. Jahres	2097,15 €
1250,00 €	- Abschreibung 8	**419,43 €**
0,00 €	Buchwert Ende 8. Jahres	1677,72 €

Restwert (RW)
Anschaffungswert (AW)

Die Degressive Abschreibung ist seit dem 01. Januar 2011 wieder abgeschafft wurden.

Cash-Flow (Geldfluss)	Jahresbestand + Abschreibung auf Anlagen + Zuführung von langfristigen Rückstellungen

Cash-Flow-Umsatzverdienstrate	$= \dfrac{\text{Cash} - \text{Flow} \ \bullet\ 100}{\text{Umsatzerlöse}}$

4. Lagerkennzahlen

Kalkulatorische Abschreibung	$= \dfrac{\text{Anschaffungskosten}}{\text{Nutzungsdauer in Jahren}}$
Kalkulatorische Zinskosten	$= \dfrac{\text{Anschaffungskosten}}{2} \cdot \dfrac{\text{Zinssatz (\%) pro Jahr}}{100}$

4.9 Die Bilanz

Darstellung

Aktiv (Mittelverwendung)	Passiv (Mittelherkunft)
A. Anlagevermögen	A. Eigenkapital
I. Immaterielle	I. Gezeichnetes Kapital
Vermögensgegenstände	II. Kapitalrücklage
II. Sachanlagen	III. Gewinnrücklage
III. Finanzanlagen	IV. Gewinnvortrag/Verlustvortrag
	V. Jahresüberschuss/Jahresfehlbetrag
B. Umlaufvermögen	
I. Vorräte/Vorratsvermögen	B. Rückstellung
II. Forderungen	
III. Wertpapiere	C. Verbindlichkeiten
IV. Guthaben (Kassen,	
Banken)	D. Rechnungsabgrenzungsposten
	(Periodenabschluss)
C. Rechnungsabgrenzungsposten	
(Periodenabschluss)	
(Bilanzsumme)	(Bilanzsumme)
Vermögen	Kapital

5.1Verkehrshaftung

HGB	Handelsgesetzbuch
ADSp	Allgemeine Deutsche Spediteur-Bedingung
SLVS-Plus	Speditions-, Logistik- und Lager-Versicherungs-Schein-Plus
DTV-VHV laufende Versicherung	DTV-Verkehrshaftungs-versicherungs- Bedingung für die laufenden Versicherung für Frachtführer, Spediteure und Lagerhalter
GüKG	Güterkraftverkehrsgesetz
CMR	Übereinkommen über den Beförderungsvertrag im internationalen Straßengüterverkehr
MÜ	Montrealer Übereinkommen
Logistik-AGB	Logistik – Allgemeine Geschäftsbedingung
VBGL	Vertragsbedingungen für den Güterkraftverkehrs-, Speditions- und Logistikunternehmer

5.2 Lastenverteilung

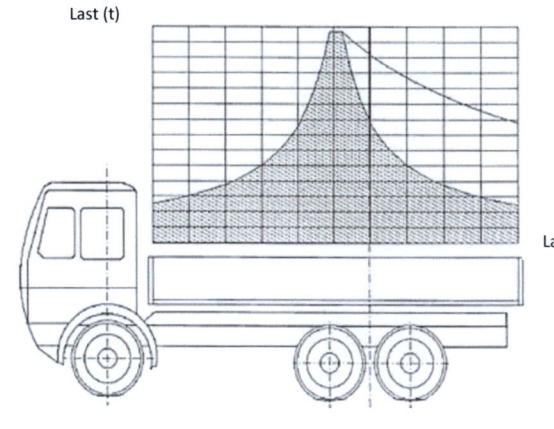

Last (t)

Lastenverteilungsplan

Ladefläche (m)

Gesamtschwerpunkt (Teilladung)	$$= \frac{m1 \cdot S1 + m2 \cdot S2 + m3 \cdot S3}{m1 + m2 + m3}$$

S_{gesamt} = Abstand des Gesamtschwerpunktes von der Stirnwand des Fahrzeuges
m   = jeweiliges Gewicht der Einzelladung
S   – Schwerpunktabstand des jeweiligen Ladegutes zur Stirnwand des Fahrzeuges in Metern

Frachtsatz (unter 3 Std.)	= 3 Stunden • 1/8 Tagessatz
Frachtsatz (zwischen 3 und 6 Std.)	= Stunden • 1/8 Tagessatz
Frachtsatz (zwischen 6 und 8 Std.)	= Tagesverbrauch
Frachtsatz (ab 8 Std.)	= Tagessatz + Stunden • 1/8 Tagessatz
Frachtbetrag	= berechneter Tagessatz + Kilometerbetrag
	= Stundensatz • Beschäftigungszeit
	= Leistungssatz in € • Gewicht der Sendung

Transportleistung

$$= \frac{\text{Transporteinheit}}{\text{Zeiteinheiten}}$$

Anteil Transportkosten an den Herstellkosten

$$= \frac{\text{Transportkosten}}{\text{Herstellkosten eines Produktes}}$$

Transportzeit pro Transportauftrag

$$= \frac{\text{Transportzeit}}{\text{Zahl der Transportaufträge}}$$

Ø Transportkosten je Gewichtseinheit

$$= \frac{\text{Transportkosten}}{\text{Gewichte der Transporte}}$$

Transportkosten pro Transportauftrag

$$= \frac{\text{Transportkosten}}{\text{Zahl der Transportaufträge}}$$

Auslastungsgrad der Transportmittel

$$= \frac{\text{geleistete Einsatzstunden} \cdot 100}{\text{max. Einsatzstunden}}$$

Ø Betriebskosten eines Transportes-/Fördermittels

$$= \frac{\text{Betiebskosten der Transportes} -/\text{Fördermittel}}{\text{Zahl der Fördermittel}}$$

Zollwert

```
  Rechnungspreis
+ Verpackung / Montage
+ Transport in Drittstaaten
= Zollwert
+ Zoll
+ Transport in der EU
+ EUSt-Wert
+ EUSt
= Gesamtbetrag
```

Ø   Durchschnitt

5.1 Tragfähigkeitstabelle nach DIN EN 1492-1/2

Farbcode	Anschlagarten		Tragfähigkeit (t) mit einem Hebeband/Rundschlinge					Tragfähigkeit (t) mit zwei Hebebändern/Rundschlingen			
			einfach direkt	einfach geschnürt	einfach unterlegt	Neigungswinkel ß >7-45°	45-60°	direkt Neigungswinkel ß >7-45°	45-60°	Drei- und viersträngig ß >7-45°	45-60°
	Nenn-Tragfähigkeit	Lastanschlagfaktor ➡	1,00	0,80	2,00	1,40	1,00	1,40	1,00	1,12	0,80
		Hebebandbreite ⬇	t	t	t	t	t	t	t	t	t
violett	1 t	30 mm	1,00	0,80	2,00	1,40	1,00	1,40	1,00	2,10	1,50
grün	2 t	60 mm	2,00	1,60	4,00	2,80	2,00	2,80	2,00	4,20	3,50
gelb	3 t	90 mm	3,00	2,40	6,00	4,20	3,00	4,20	3,00	6,30	4,50
grau	4 t	120 mm	4,00	3,20	8,00	5,60	4,00	5,60	4,00	8,40	6,00
rot	5 t	150 mm	5,00	4,00	10,00	7,00	5,00	7,00	5,00	10,50	7,50
braun	6 t	180 mm	6,00	4,80	12,00	8,40	6,00	8,40	6,00	12,60	9,00
blau	8 t	240 mm	8,00	6,40	16,00	11,20	8,00	11,20	8,00	16,80	12,00
orange	10 t	300 mm	10,00	8,00	20,00	14,00	10,00	14,00	10,00	21,00	15,00
orange	15 t		15,00	12,00	30,00	21,00	15,00	21,00	15,00		
orange	20 t		20,00	16,00	40,00	28,00	20,00	28,00	20,00		
orange	25 t		25,00	20,00	50,00	35,00	25,00	35,00	25,00		
orange	30 t		30,00	24,00	60,00	42,00	30,00	42,00	30,00		
orange	40 t		40,00	32,00	80,00	56,00	40,00	56,00	40,00		
orange	50 t		50,00	40,00	100,00	70,00	50,00	70,00	50,00		
orange	60 t		60,00	48,00	120,00	84,00	60,00	84,00	60,00		
orange	80 t		80,00	64,00	160,00	112,00	80,00	112,00	80,00		
orange	100 t		100,0	80,00	200,00	140,00	100,0	140,00	100,0		

5.2 Deutschlandkarte

5.3 Gefahrgut

5.3.1 Gefahrgutklassen

Klasse 1	Sprengstoffe und Gegenstände, die Sprengstoffe enthalten (mit sechs Unterklassen)
Klasse 2.1	Gase (entzündbar)
Klasse 2.2	Gase (nicht entzündbar)
Klasse 2.3	Gase (Giftig)
Klasse 3	Entzündbare flüssige Stoffe
Klasse 4.1	Entzündbare feste Stoffe
Klasse 4.2	Selbstentzündliche Stoffe
Klasse 4.3	Stoffe, die mit Wasser entzündliche Gase bilden
Klasse 5.1	Entzündend (oxidierend) wirkende Stoffe
Klasse 5.2	Organische Peroxide
Klasse 6.1	Giftige Stoffe
Klasse 6.2	Ansteckungsgefährliche Stoffe
Klasse 7	Radioaktive Stoffe
Klasse 8	Ätzende Stoffe
Klasse 9	Verschiedene gefährliche Stoffe und Gegenstände
Umweltgefährdende Stoffe (repräsentiert keine eigene Gefahrgutklasse, sondern dient als zusätzliche Kennzeichnung, die, falls die Kriterien für einen umweltgefährdenden Stoff zutreffen, zusätzlich an Verpackungen, Tanks etc. anzubringen ist)	
Kennzeichnung für in erwärmtem Zustand transportierte Materialien	
Das entsprechende System der USA ist der Gefahrendiamant nach NFPA 704	

6.1 Gefahrgut

Als Gefahrgut bezeichnet man Stoffe und Zubereitungen (Gemische, Gemenge, Lösungen) sowie Gegenstände, welche Stoffe enthalten, von denen eine Gefahr für die Natur und der Bewohner ausgeht. Ihrer physikalischen oder chemischen Eigenschaften machen erst zu einer Gefahr der man sich bewusst sein sollte.

Gesetze, Verordnungen und Richtlinien
- Gefahrgutrecht
- Europäisches Übereinkommen über die internationale Beförderung gefährlicher Güter auf der Straße **(ADR)**
- Regelung zur internationalen Beförderung gefährlicher Güter im Schienenverkehr **(RID)**
- International Maritime Dangerous Goods Code **(IMDG-Code)**
- Europäisches Übereinkommen über die Beförderung gefährlicher Güter auf Binnenwasserstraßen **(ADN)**
- Technical Instructions **(ICAO-TI)**

6.2 Arbeitsschutz

Unter Arbeitsschutz wird verstanden, dass die Beschäftigten vor arbeitsbedingten Sicherheits- und Gesundheitsgefährdungen geschützt werden.
Der allgemeine Arbeitsschutz soll das Leben und die Gesundheit der Arbeitnehmer schützen, sowie die Arbeit menschengerecht gegliedert sein.
Der soziale Arbeitsschutz beinhaltet die allgemeinen Dinge wie zum Beispiel Arbeitszeiten und Kündigungsschutz.
Teile des Arbeitsschutzes sind die „Fachkraft für Arbeitssicherheit (Sifa)" und der „Betriebsarzt (BA)".
Interne und externe Arbeitsschutzexperten sind alle, die im Betrieb arbeiten denn jeder ist verpflichtet sich um den Arbeitsschutz sich zu beteiligen.

Gesetze, Verordnungen und Richtlinien
- Arbeitsschutzgesetz
- Geräte- und Produktsicherheitsgesetz (GPSG)
- Arbeitssicherheitsgesetz (ASiG)
- Chemikaliengesetz
- Atomgesetz
- Betriebsverfassungsgesetz

Auch die Ausrüstung der Arbeitnehmer spielt eine Rolle, denn sie muss vom Arbeitgeber unterstützt werden.
Ohne die richtige Ausrüstung ist es unverantwortlich diverse Tätigkeiten zu leisten.

6.3 Paletten mit Maßeinheiten

Beachte: Die Einheiten sind nur Beispiele für viele verschiedene Größen und Varianten.

	INKA – Palette 1200 mm x 800 mm x 144 mm
	EURO – Gitterbox 1200 mm x 800 mm x 1000 mm
	Aufsatzrahmen 1200 mm x 800 mm x 160 mm
	EURO – Palette 1200 mm x 800 mm x 144 mm
	Stahl – Palette 1200 mm x 800 mm x 144 mm
	64 l – Palette 600 mm x 400 mm x 320 mm

6.4 Barcode (Beispiele)

QR - Code	2D Barcode	1D Barcode

6.5 Technisches Zeichnen

Volllinie (breit)	
Volllinien (schmal)	
Strichlinie	
Strichpunktlinie (breit)	
Strichpunktlinie (schmal)	
Tür	
Bemaßung	
Treppe	
Fenster	
Regaldurchfahrt	
Automatisches Regal	

6.6 Warnschilder

6.6.1 Verbotsschilder

Verbot	Feuer, offenes Licht verboten	Rauchen verboten	Betreten verboten	Mit Wasser Löschen verboten	Kein Trinkwasser

6.6.2 Warnschilder

Warnung vor Stolpergefahr	Warnung vor Absturzgefahr	Warnung vor Biogefährdung	Warnung vor Kälte	Warnung vor Quetschgefahr	Warnung vor giftigen Stoffen

6.6.3 Gebotsschilder

Allgemeines Gebotszeichen	Augenschutz benutzen	Kopfschutz benutzen	Gehörschutz benutzen	Atemschutz benutzen

6.6.4 Rettungsschilder

Erste Hilfe	Notruftelefon	Sammelstelle	Rettungsweg	Notausgang

6.6.5 Brandschutzschilder

Leiter	Löschschlauch	Feuerlöscher	Brandmelder	Richtungsangabe

Erste Hilfe

Was zu tun ist, wenn Sie als Ersthelfer an einen Unfallort kommen

Grundsätze:
- Ruhe bewahren und Überblick verschaffen
- Zusätzlichen Schaden verhindern
- auf die eigene Sicherheit achten (z.b. Warnweste anziehen) und Unfallstelle absichern (z. B. Warndreieck aufstellen)
- Hilfe holen und den Rettungsdienst per Notruf alarmieren
- Verletzte, wenn möglich, nicht allein lassen

Notruf:
Bundesweit gilt als Notruf-Nummer der Rettungsleitstelle: 112
Polizeinotruf: 110

Halten Sie beim Anrufen folgende Informationen bereit:
- Wo hat sich der Notfall ereignet?
- Was ist passiert?
- Wie viele Personen sind betroffen?
- Welche Verletzungen liegen vor?
- Warten Sie dann Rückfragen ab – nicht gleich auflegen!

Atemstillstand
- Keine Geräusche oder Atembewegungen, auffallende Hautverfärbung?
- Notruf absetzen
- Betroffenen auf den Rücken legen
- Entfernen von Fremdkörpern aus Mund und Rachen, Überstrecken des Kopfes in den Nacken
- Atemspende und Herzmassage

Elektrische Unfälle
- Niederspannung (bis 1000 V), Stecker ziehen, Sicherung herausnehmen. Kann Stromkreis nicht unterbrochen werden, denn Verunglückten mit einem nichtleitenden Gegenstand vom Stromkreis trennen.
- Hochspannung, Stromkreis nur vom Fachmann unterbrechen lassen

Verbrennungen
- Verbrannte Kleidungsstücke nicht vom Verunglückten entfernen
- Brandwunden mit keimfreien Verbandsmaterial verbinden
- Verunglückten in eine Decke wickeln

Knochenbrüche
- Glieder durch Schienen ruhigstellen
- Einrenkungen nur durch einen Arzt
- Wirbelsäulenverletzung durch eine harte Unterlage stabilisieren

Notizen

Notizen

Inhaltsverzeichnis

X

Y

Z